ÉLOGE FUNÈBRE

DE

M. JEAN-FRANÇOIS-RÉMY ROUL

CURÉ-ARCHIPRÊTRE DE ROCHEFORT

PRONONCÉ

en l'église Saint-Louis de cette ville
le 22 juin 1887

PAR

M. L'ABBÉ MARBOT

CHAPELAIN DE NOTRE-DAME DE LA SEDS
ET AUMONIER DU SAINT-SACREMENT
A AIX-EN-PROVENCE

SE VEND AU PROFIT DES ÉCOLES LIBRES DE ROCHEFORT

ROCHEFORT

SOCIÉTÉ ANONYME DE L'IMPRIMERIE CH. THÈZE, RUE CHANZY, 123.

—

1887

M. JEAN-FRANÇOIS-RÉMY ROUL

CURÉ DE ROCHEFORT

ÉLOGE FUNÈBRE

DE

M. JEAN-FRANÇOIS-RÉMY ROUL

CURÉ-ARCHIPRÊTRE DE ROCHEFORT

PRONONCÉ

en l'église Saint-Louis de cette ville
le 22 juin 1887

PAR

M. L'ABBÉ MARBOT

CHAPELAIN DE NOTRE-DAME DE LA SEDS
ET AUMONIER DU SAINT-SACREMENT
A AIX-EN-PROVENCE

SE VEND AU PROFIT DES ÉCOLES LIBRES DE ROCHEFORT

ROCHEFORT
SOCIÉTÉ ANONYME DE L'IMPRIMERIE CH. THÈZE, RUE CHANZY, 123.

1887

« *Tuus sum ego* ,
« Je suis vôtre. »
(Ps., 143, 94

Mes bien chers Frères,

Vous êtes encore sous le coup de l'émotion profonde dont était saisie notre ville de Rochefort, et qui se prolongeait dans le diocèse entier, il y a quelques semaines.

Nous perdions tous un père.

Or, lorsqu'une famille vraiment chrétienne voit disparaître son chef, elle recueille pieusement la tradition domestique dont était dépositaire celui qui n'est plus ; elle s'inspire de ses exemples, elle s'appuie sur son expérience ; elle garde pour continuer sa route le mot d'ordre qu'il a laissé.

Ce mot d'ordre, c'est le cri du Psalmiste, que je viens de citer : *Tuus sum ego.* Il résume l'expérience, les exemples, les traditions, c'est-à-dire l'héritage que j'ai mission de vous livrer en cet éloge funèbre de Messire JEAN-FRANÇOIS-RÉMY ROUL, *Chanoine honoraire de La Rochelle, Curé-Archiprêtre de Rochefort.*

Nos usages, mes Frères, réservent à l'Épiscopat les honneurs de l'éloge funèbre. Il suffit habituellement à l'ordre sacerdotal que l'éloquence d'une prière plus émue lui ouvre les portes de l'éternité ; et quand, en face des larmes d'une grande famille paroissiale, il faut un mot pour réconforter les cœurs, tout se dit dans une parole chaude et pénétrante comme celle qui remuait vos âmes, il y a quarante jours (1), en présence des restes mortels de notre bien-aimé Pasteur.

Cependant, à nos meilleures coutumes, il y a parfois des exceptions ; et nul ne contredira certainement à celle que nous faisons aujourd'hui. La grande place occupée dans cette ville par celui que nous pleurons ; ses relations si nombreuses et toujours si cordiales avec notre Marine ; un apostolat de quarante ans, idéalisant le prêtre au milieu de vous, en voilà plus qu'il n'en faut pour justifier ce discours.

Je voudrais pouvoir aussi facilement justifier le choix de l'orateur. Pourquoi l'un des vôtres ne s'est-il pas levé du milieu de ses frères pour monter dans cette chaire ? Il l'eût occupée sans doute avec une compétence plus indiscutable. Mais célébrer les vertus d'un prêtre aussi vénérable, c'est du même coup faire l'éloge du clergé diocésain, qui fut digne de le compter

(1) Aux funérailles, le 12 mai dernier, Mgr Petit, évêque nommé du Puy, précédemment vicaire général de La Rochelle, fit une allocution des plus touchantes et redit avec un tact parfait et une incontestable autorité, les vertus de celui qu'il pleurait avec nous.

dans ses rangs. Aussi bien a-t-il fallu ne pas oublier le conseil de l'Esprit Saint : *Laudet te alienus et non os tuum, extraneus et non labia tua* : c'est une autre voix et non la vôtre, ce sont des lèvres étrangères et non point les vôtres qui doivent vous louer (1) ». Puisque la Sagesse demandait un étranger, on s'est souvenu de celui à qui le cœur paternel de M. le Curé de Rochefort s'ouvrait si fréquemment depuis plus de vingt ans. Votre clergé, qui veut bien me traiter en frère, a délicatement fait appel à mon affection. Je n'ai pu que répondre par le texte même que je voudrais écrire sur ce tombeau : « J'accepte, je suis vôtre : *Tuus sum ego.* »

Tuus sum ego ! Votre vénéré Curé, mes Frères, aimait à dire cette parole sainte, prière sublime qui, comme un trait, lançait vers Dieu son âme tout entière. Il me souvient de la lui avoir entendu répéter plus d'une fois ; et avec quel accent ! Ce n'est point sans émotion que, cherchant de lui un mot qui fût comme le legs spirituel de son grand cœur, je me suis rappelé cette formule de son union avec Notre Seigneur et de son dévouement aux âmes.

Nous n'irons donc point chercher ailleurs l'esprit qui a guidé cette noble existence et la leçon qu'il en faut recueillir. Pour M. l'abbé Rémy Roul, tout était là : dire à Dieu et aux âmes, mais à celles-ci toujours pour Celui-là : « Je suis à vous : *Tuus sum ego !* »

(1) Prov., XXVII, 2.

I.

Il fut à Dieu dès son enfance. Le Seigneur se le choisit, comme il choisit tous ses ministres. Selon sa façon adoptée dans l'élection des Apôtres et qu'il se plaît à continuer le plus ordinairement, il le fit sortir d'une famille croyante, mais pauvre et laborieuse.

L'enfant tint sans doute de son père l'instinct du travail et cette ténacité avec laquelle il sut poursuivre ses labeurs sans découragement.

Sa mère dut laisser quelque trace de son cœur dans la sensibilité délicate du cœur de son fils. Nous ne savons pas, mes Frères, quels échanges de tendresse manifestaient ce mutuel amour. Mais celui-ci dut être bien profond, si nous en jugeons par l'émotion qui gagnait notre cher Curé, quand il parlait des mères. Je me souviendrai toujours de l'impression qu'il produisit, un jour, sur moi, en jugeant ainsi un jeune homme qu'il voyait pour la première fois : — « Il est bon, » me disait-il, « car il m'a de suite parlé de sa mère ! » Faire valoir de la sorte la piété filiale, n'est-ce pas dévoiler combien l'on en est soi-même pénétré ?

Dieu disposa ainsi l'union de la force et de la tendresse dans l'âme de celui qui naissait à Montlieu, le 30 septembre 1809.

Sur les fonts du baptême, la Providence appela le nouveau-né *Jean-François-Rémy*. Si ce triple patronage fut symbolique, *Jean* c'était la tendresse puisée au cœur de Jésus pour adoucir bien des plaies ; *François*, c'était la force de la vertu assurant les conquêtes de l'apostolat ; *Rémy*, mes Frères, c'est le nom du grand baptiseur de la France ! Et ne semble-t-il pas qu'alors Dieu songeait à vous, marquant de ce nom celui qui, dans cette église dédiée à notre grand Roi saint Louis, devait, pendant près d'un demi-siècle, rappeler à notre glorieuse Marine que, pour les fils de Clovis et des croisés, Français et Chrétien, c'est tout un ?

Ces signes de prédestination ne vous paraîtront point absolument imaginaires, si j'ajoute que, dès l'heure où l'intelligence éclôt et se révèle, Jean-François-Rémy étonna son entourage par sa piété et sa gravité précoces. Au lieu de chercher ses récréations dans les joies bruyantes, si naturelles au jeune âge, il aimait à traduire ses pieuses tendances par des imitations enfantines de nos fonctions sacerdotales. Il y conviait ses petits amis et les dirigeait en maître, dans les évolution d'une liturgie, plutôt devinée par son cœur que dictée par son esprit. La petite phalange se laissait faire. Et, chose plus étonnante, nul de ces aimables lutins ne pensait à se plaindre quand Rémy refusait de prendre part à d'autres divertissements, pas plus qu'il ne songeait à se moquer de ses allures sérieuses ou de sa physionomie recueillie. L'élu de Dieu imposait déjà le respect, mes Frères, parce que sur son visage se reflétait la conviction d'une âme fidèle, répondant à l'appel divin : « Me voici : *Tuus sum ego.* »

De tels débuts dans la vie devaient attirer l'attention de ceux dont le Seigneur fait ici-bas les instruments de sa providence. La première main qui se tendit vers l'enfant privilégié de Montlieu, fut celle d'une noble et vaillante chrétienne. — C'est l'honneur de votre sexe, Mesdames, qu'à la suite de la Vierge Marie, vous soyez toujours appelées à coopérer aux grandes œuvres de Dieu. S'il fallait expliquer ici cette économie divine, je dirais qu'ayant mis au cœur des femmes, en vue de la maternité, les délicatesses les plus exquises, Dieu ne veut rien perdre d'un si riche trésor. Et comme une femme, quand elle se dévoue, se montre toujours mère en quelque façon, Celui qui a placé les mères près des berceaux, les veut toujours présentes aux enfantements de la Grâce. Il les veut quand il s'agit de sauver des âmes de vieillards, de pauvres, d'orphelins, ou de malades ; il les veut encore quand il s'agit de favoriser l'essor des vocations saintes.

Voilà pourquoi, suppléant à l'insuffisance d'un trop modeste foyer, Mme de Lebardie attira près d'elle le jeune Rémy, pour le donner à l'Eglise. Ah ! comme cette belle âme eût tressailli, si l'avenir, déchirant son voile, lui eût révélé ce que devait être, un jour, son protégé !

Cependant les mains qui protègent les berceaux ne suffisent pas à tout : elles ne pénètrent point dans le sanctuaire. Mais dans nos plus modestes presbytères de campagne, il y a parfois de saints prêtres qui, sans bruit, poursuivent cette belle mission d'introduire des générations nouvelles dans la tribu lévitique. C'est à l'un de ces hommes de zèle que M. Rémy Roul dut ses premiers pas dans la carrière. Et quand le vénérable abbé Gachignat mourut presque nonagénaire, il n'est pas douteux que, témoin consolé de la route déjà parcourue par son élève, il n'eut à regretter ni son temps ni sa peine.

L'heure vint où le Petit Séminaire de Pons ouvrit ses portes au futur archiprêtre de Rochefort.

Ici, mes Frères, se place l'un des détails les plus frais et les plus heureux de la vie de votre Curé. Le voici dans toute sa naïveté :

— « Mon enfant, demandait son professeur au nouveau venu, comment vous appelez-vous ? » — « Je m'appelle Rémy, monsieur. » — « Mais l'autre nom ? » — « L'autre nom ? Je n'en ai point d'autre que Rémy. » — « Le nom de votre père ?.... » Et l'enfant hésitant répétait encore : « Je m'appelle Rémy !..... »

Ne vous semble-t-il pas entendre, mes Frères, le récit d'une de ces scènes légendaires des premiers siècles, où, tout embaumé de son baptême, au juge qui demandait son nom, l'athlète du Christ répondait : « *Christianus*, Chrétien ? »

L'enfant de Montlieu s'appelait Rémy. C'était tout ce qu'il savait. Du nom que le monde donnait à son père, quelque honorable qu'il fût, jamais il ne s'était préoccupé. Celui que l'ange de son baptême avait emprunté pour lui au baptistère de Reims, c'était le seul qu'il connût. Et comme si Dieu eût voulu sanctionner un tel accent de foi, cette ingénuité a forcé la main à nos usages, et toute sa vie M. l'abbé Roul, pour la plupart de ceux qui l'ont connu, n'a jamais été que *M. l'abbé Rémy*.

Quelle leçon pour nous, si oublieux des titres de noblesse acquis sur les fonts baptismaux, et habituellement plus fiers de nos lignées terrestres que de notre filiation divine !

Je n'ai pas à vous dire, mes bien chers Frères, ce qu'était et ce qu'est encore cette Maison de Pons, où votre Curé fit ses études. Il y a des institutions, comme il y a des hommes, dont l'éloge reste toujours au-dessous de leur mérite. Votre établissement diocésain a écrit sa propre histoire en des pages vivantes ; car c'est sa coutume, déjà vieille, de cueillir des palmes et de donner les mains qui les portent, à l'Eglise et à la France : à l'Eglise, des prêtres éclairés et saints ; à la France, des cœurs vaillants pour l'aimer et la défendre.

C'est dans cette atmosphère de vertus et de savoir que se fortifia la vocation de M. Rémy Roul. Pour lui, le savoir fut modeste, mais solide et affermi sur un jugement droit et sûr. Et en lui la vertu fleurit et fructifia de jour en jour, donnant dans son épanouissement, déjà comme atteignant sa maturité, cette note infaillible, qui est celle des saints : la régularité.

Le Grand Séminaire perfectionna l'œuvre de la grâce et disposa le jeune lévite au redoutable honneur du sacerdoce. Lorsque, après avoir franchi les premiers échelons de la sainte hiérarchie, il dut pénétrer dans le Saint des Saints, il était prêt depuis longtemps.

Déjà, en effet, mes Frères, on a rappelé que des témoins de son enfance disaient de M. Rémy Roul qu'il était « né prêtre », comme d'autres naissent orateurs, artistes ou poètes. En supposant que ce mot traduise seulement les exagérations qui célèbrent les précocités du jeune âge, il est du moins absolument vrai qu'au Séminaire, on pouvait lui appliquer la parole de saint Grégoire de Nazianze, au sujet de saint Basile : « Il était prêtre avant même que d'être prêtre », — ce qui signifie, dit Bossuet, (1) « qu'il en avait les vertus avant d'en avoir le degré. »

Ainsi préparé à la grande et solennelle infusion de la grâce, le voici, mes Frères, qui se courbe sous la main d'un Pontife. L'Église lui a ceint les reins de la chasteté, qui fortifie contre le monde et contre soi-même. Elle l'a jeté, la face contre terre, sur le pavé du sanctuaire, pour lui demander l'humilité qui surélève une âme et la rend apte aux célestes visées du surnaturel. Elle a oint ses mains tressaillantes de la divine onction qui leur donne le droit de porter Dieu. Elle lui a livré le calice du Sacrifice. C'est fait. Et c'est pour l'éternité. L'enfant de Montlieu a réalisé ses désirs : il est prêtre ! Il se lève, il monte à l'autel, il tient la place de Jésus-Christ ; il est à Lui ; il est Lui : *Tuus sum ego.*

Oh ! mes Frères, qui nous dira jamais de quels transports fut saisie cette grande âme sacerdotale au jour béni du Sacerdoce ? Que de fois il vous en a laissé

(1) Oraison funèbre du P. de Bourgoing.

soupçonner les chaudes émotions, lorsque, de cette chaire où je vous parle de lui, il laissait déborder sa foi en vous annonçant qu'un enfant de la paroisse allait être ordonné prêtre. Je suis resté moi-même sous le charme des accents qui jaillissaient de son cœur, un jour qu'il vous disait la nouvelle d'un semblable honneur. Je vois cette noble tête s'inclinant vers vous d'une façon qui lui était particulière, comme cédant à une mystérieuse attraction. Je n'oublie pas cette main qui, tremblante, s'allongeait et s'agitait au-dessus de l'auditoire. Et de ses lèvres émues sortaient des paroles brûlantes qui retentissent encore à mon oreille : « Dites, mes Frères, » répétait-il, ce jour-là, « dites que Dieu est bon ! »

« Dieu est bon ! » c'était tout ce qu'il sentait ; c'était tout ce qu'il disait pour exhaler un soupir d'amour, d'allégresse et de reconnaissance.

« Dieu est bon ! » c'était son action de grâces.

« Dieu est bon ! » tel avait été sans doute le cri de son âme au jour de sa propre ordination. Que lui importait le reste ? La gloire que Dieu retire de ses œuvres, pour lui c'était tout ; car à Dieu il était tout entier : *Tuus sum ego.*

II.

Devenu prêtre de Jésus-Christ et absolument uni au Maître à qui librement il s'était donné, M. l'abbé Rémy Roul ne devait point, dans sa longue carrière, déchoir un seul instant des hauteurs où il était monté.

Sa ferveur première ne s'est jamais ralentie. Selon le mot de Bossuet (1), « son innocence l'ayant disposé à recevoir la plénitude du Saint-Esprit par l'ordination sacrée, il aspirait sans cesse à la perfection du Sacerdoce. »

L'ardeur qu'il mettait au Séminaire à se vaincre, à faire dominer en lui l'esprit de foi, à se mortifier, à chercher Dieu ; cette même ardeur de ses vingt ans, on la retrouvera sous sa tête blanchie par l'âge et les soucis, parce que pour Dieu et les âmes son cœur ne vieillira jamais.

Cette piété onctueuse, avec laquelle il franchit, le premier jour, les marches du saint autel, ne subira aucune atteinte de l'habitude et du temps. Regardez. Voyez-vous au fond de ce sanctuaire cette porte qui s'ouvre, au moment où huit heures sonnent ? Revêtu des ornements sacrés, un prêtre sort, portant le calice de l'Oblation. La gravité de sa démarche, la modestie de ses regards, le recueillement qui, sur ses traits, se reflète, tout dit une âme profondément pénétrée de la très sainte action qui va s'accomplir. Et quand ce prêtre est à l'autel, lisez-vous sur son visage, entendez-vous dans sa voix un je ne sais quoi dont vous subissez l'influence et qui provoque votre dévotion ? Pendant quarante ans, mes Frères, cette paroisse a connu ce touchant spectacle ! Et j'en adjure ceux qui

(1) *Loc. cit.*

assistaient aux dernières messes de M. le Curé, que l'on dise si le vieillard était moins pieux, moins fervent que le jeune prêtre ; s'il ne s'immolait vraiment dans l'amour avec la Victime eucharistique ; s'il ne traduisait éloquemment son union avec Jésus-Hostie ? *Tuus sum ego.*

Je ne m'étonne pas, dès lors, qu'avant même la maturité de l'âge, il ait exercé sur ses confrères une sainte et salutaire influence. Il est grand, Chrétiens, le profit que tant de prêtres ont tiré de ses exemples, de ses conseils judicieux, de ses paternels encouragements, de sa direction toujours dictée par l'esprit de sa vocation. Je n'en veux pour témoins que celui que notre cher Curé, à sa dernière heure, appelait « l'ange du presbytère ; » (1) et cet autre (2) à qui saint Dominique n'enlevait pas le droit de dire : « Mon bon père, » et de le dire de la façon la plus sentie, quand il ouvrait son cœur à ce père qu'il a tant aimé et dont il a pieusement fermé les yeux.

Si bien doué des grâces divines et si fidèle à y correspondre, M. l'abbé Rémy Roul s'était donc trouvé, dès le jour de son ordination, parfaitement armé pour les divins combats.

En le conduisant à Rochefort, où Elle le voulait, la

(1) M. l'abbé Sellier, 1er vicaire. — *Cf. infrà.*

(2) Le R. P. Sicard, son élève, qui fut vraiment le fils de son cœur.

Providence lui fit faire trois étapes : il débuta (1) à Marennes, comme vicaire ; s'essaya rapidement comme curé à Courcoury, et fut ensuite placé par l'autorité, qui apprécia sa valeur, à la tête de l'importante paroisse de Surgères.

Pour s'en tenir à ce dernier poste, mes Frères, on peut dire, sans craindre un démenti, que son souvenir y est resté vivant. Et mieux que d'autres peut-être, je suis autorisé à affirmer que dans son cœur, il avait gardé un impérissable attachement à cette portion de la Vigne évangélisée dans sa jeunesse. Il aimait à y conduire ses hôtes, et que de fois, il en parlait avec une visible émotion. Là, il s'était dépensé pour Dieu et les âmes, comme il le sut faire toujours. Là, il avait peut-être souffert à la recherche des brebis égarées ! Et il y a des douleurs, comme il y a des joies, mes Frères, qui forment des liens indestructibles.

Il se dévouait à ce bon peuple de Surgères, il ne songeait pas à le quitter, quand, un jour, la voix du Maître lui fit le commandement donné aux Apôtres : « Allez plus au large : *Duc in altum* » (2).

La paroisse de Saint-Louis de Rochefort venait de perdre son curé, M. l'abbé Chaigne. On était à la veille des événements de 1848. L'heure n'était pas des plus

(1) M. Remy Roul, ordonné prêtre, le 16 juin 1832, fut aussitôt nommé vicaire de Marennes. Sa nomination à Courcoury, date du 25 octobre 1835 ; celle de curé de Surgères est du 14 septembre 1836 ; enfin, c'est le 17 janvier 1848, qu'il fut curé de Rochefort ; chanoine honoraire, le 13 juin 1848 ; archiprêtre, le 20 décembre 1851.

(2) Luc, v, 4.

propices ; et, il faut aussi le dire, mes Frères, le terrain n'était pas davantage fécond ni facile. On assure qu'ici, en ce temps-là, le respect du lieu saint n'était pas précisément en honneur. Ce qu'il y a de certain, c'est que l'élément maritime et militaire, qui fait à cette cité comme son atmosphère propre, était loin de donner le grand exemple religieux auquel il nous a habitués depuis. Ce n'est certes pas qu'il fût malveillant ou impie : en France, il est de tradition que l'ancre et l'épée ne se séparent point de la Croix. Mais le respect humain, qui trop souvent pose une barrière entre la théorie et la pratique, n'était pas encore battu en brèche. Le mouvement qui a ramené tant d'hommes à Dieu n'était pas commencé. Les classes dirigeantes vivaient encore sous l'influence délétère des sophismes philosophiques et des sarcasmes voltairiens. Les officiers fréquentant les Sacrements étaient rares, absolument rares !

A un poste aussi peu enviable et à une population qu'il fallait conduire sans heurt comme sans faiblesse, on devait donner un homme de tact et un homme de cœur. Ainsi faut-il à la barre, quand le temps est sombre et la mer démontée, un timonier qui ait l'œil sûr et la main ferme.

M. l'abbé Rémy Roul parut à son évêque l'homme de la situation. Mgr Villecourt, de sainte et vénérée mémoire, le fit venir, après avoir consulté Dieu dans la prière. Il ne lui dissimula rien des difficultés de la position ; il lui en montra les périls et lui en fit entrevoir les soucis. Il faut bien le savoir, mes Frères, à considérer au seul point de vue humain, la proposition faite au curé de Surgères, rien n'y pouvait trop séduire un homme qui n'était pas ambitieux. — Car, ai-je besoin de le dire ? pour M. Rémy Roul, l'ambition fut toujours une étrangère, une inconnue. L'avez-vous vu jamais faire parade de cette croix de la Légion d'honneur, qu'il avait certes bien méritée et qu'au besoin la Marine tout entière lui eût décernée par acclamation ? Et ce prêtre qui a longtemps vécu côte à côte avec tant d'amiraux, qui a été si notoirement apprécié de tous nos officiers, qui a vu passer au Pouvoir tant d'amis, croyez-vous qu'il fût resté curé de Rochefort, qu'il ne fût monté plus haut, s'il avait été quelque peu ambitieux ? — Oh ! non, cette ambition-là n'était point dans son cœur. Il n'en avait qu'une : celle de trouver Dieu et de lui gagner des âmes.

Aussi bien, ce fut cette soif ardente de Dieu et des âmes qui faisait tressaillir le nouveau curé de Rochefort à mesure que Mgr Villecourt lui détaillait les délicatesses de la mission qu'il lui confiait. Sous quel jour lui apparut l'avenir ? Son cœur devina-t-il le vôtre, mes Frères ? Une vision prophétique de sa foi lui fit-elle entrevoir des fleurs sur ce sol qu'on lui disait infécond ? Aperçut-il des moissons jaunissantes, les joies que vous réserviez à sa tendresse de Père ? Je ne sais. Mais n'eût-il alors conscience que des labeurs auxquels on l'appelait, cela suffisait à son acquiescement. Des travaux ! des peines ! des soucis ! des déboires ! Mais nous sommes prêtres pour cela. Car c'est par là que Jésus a sauvé le monde. Et quand bien même, après de longs jours de dévouement méconnu, d'abnégation incomprise, d'entreprises mal jugées, on nous mettrait encore sous le pressoir des tribulations, qu'importe si nous avons fait notre devoir, et si nous avons cherché Dieu ? C'est là, dans l'immolation et à la coupe du sacrifice, que l'on est le plus certain de trouver Jésus !

M. Rémy Roul avait-il d'autre désir ?

Il s'inclina donc quand l'Evêque eut achevé de parler. Et, voyant en sa personne le divin Maître dont la volonté souveraine était sa règle : « J'irai où vous m'enverrez, Monseigneur, dit-il, car je suis votre prêtre. *Tuus sum ego.* »

III

Il y a donc quarante ans, mes Frères, que Dieu introduisait dans cette ville celui qu'il vient de rappeler à Lui. Mgr Villecourt voulut présenter lui-même à la paroisse le prêtre sage et pieux qu'il lui donnait pour pasteur. A l'heure où s'accomplissait l'acte solennel de cette installation, jetant sur l'horizon un regard plein de confiance, le digne Évêque de La Rochelle laissa tomber dans le cœur du nouveau Curé ces quelques mots : « Ce n'est pas moi qui vous ai nommé, c'est Dieu. » Une âme vulgaire n'eût peut-être trouvé dans cette parole qu'un encouragement éphémère ; M. Rémy Roul la recueillit comme le gage des bénédictions réservées à son apostolat. — « C'est vous, mon Dieu, disait-il dans sa prière ; vous le voulez ?

Tuus sum ego ! » Et, avec ce même accent affectueux dont ces voûtes ont si fréquemment retenti, il répétait déjà : « Ma chère paroisse, ma chère paroisse. *Tuus sum ego.* »

Dieu et sa paroisse ! Jésus-Christ et les âmes ! Pour lui, c'était tout ; et hors de là, tout ne lui était rien.

Comprenons-le bien, mes Frères.

Notre divin Maître a dessiné lui-même le double trait de la physionomie sacerdotale en se révélant, Lui, le Prêtre éternel, avec ce double objectif de sa vie : la gloire de Dieu et le salut des âmes. « Mon père, disait-il, je vous ai glorifié sur la terre, et en cela j'ai accompli l'œuvre que vous m'avez confiée. *Ego te clarificavi super terram, opus consummavi quod dedisti mihi* (1) » Glorifier Dieu, *chercher la gloire de Dieu,* vous l'entendez bien, c'est un devoir à remplir, que le Seigneur impose au prêtre et qui est comme partie essentielle de son sacerdoce : *Opus quod dedisti mihi.* On n'est pas prêtre pour s'élever des rangs de la foule, pour mendier des applaudissements, pour enrichir sa famille ou jeter un éclat sur son nom ; cela, ce serait se glorifier soi-même ; et l'on est prêtre pour glorifier Dieu !

Notre Seigneur indique un second élément constitutif du sacerdoce par cette déclaration : « Le Fils de l'Homme est venu pour chercher et sauver ceux qui périssent : *Venit filius hominis quærere et salvum*

(1) Joan., XVII, 4.

facere quod perierat (1). » *Sauver les âmes*, les chercher, courir après elles, s'y dévouer ! Voilà le second but que le prêtre doit à sa vocation de poursuivre sans relâche ; car il n'est pas prêtre pour se sauver tout seul, il est prêtre pour sauver avec lui les autres.

A ces traits, mes Frères, qui donc ne reconnaîtrait facilement le très digne Curé de Rochefort?

Arrêtons-nous, et soyons attentifs à ne rien perdre de ces rayonnements de sa belle âme.

Et d'abord, *chercher la gloire de Dieu !* C'était le saint désir qui agitait le roi David, dont le lyrisme était impuissant à rendre les pieux émois, et qui, à court d'expressions, exhalait ce soupir, plus éloquent qu'un long poème : « *Altaria tua, Domine virtutum* (2) : vos autels, ô mon Dieu ! »

Or, il y a deux façons d'entendre ici cet amour de l'autel : le défendre contre des mains profanes, et l'orner avec des mains pures.

Défendre l'autel, mes Frères, défendre le tabernacle et ses droits sacrés, c'est un devoir pour le prêtre. C'est une dure nécessité pour un curé, mais c'en est une que d'avoir parfois à combattre pour la sauvegarde des droits du Christ et de la discipline de l'Eglise.

Je sais bien qu'à Rochefort, ce champ-clos des dis-

(1) Luc, XIX, 10.

(2) Ps., 83, 4.

cussions mesquines est peu connu, et que l'administration paroissiale y est, à certains égards, plus facile qu'ailleurs. On le doit à la haute loyauté et à la bienveillance exquise qui sont de bonne tradition dans les coutumes de l'Autorité maritime, laquelle donne ici le ton à tous ceux qui, à un titre quelconque, représentent le Pouvoir.

Mais, pour n'atteindre pas à la hauteur des grandes luttes, croyez-vous que les petites difficultés quotidiennes soient moins accablantes? Et pensez-vous, mes Frères, que votre Curé ait pu gouverner sa paroisse durant près d'un demi-siècle, sans avoir des observations à faire, des abus à réprimer, des écarts à redresser?

Or, dans cette partie des obligations de la charge pastorale, savez-vous ce qu'il y a de plus ardu? Le voici : En soutenant les principes, il est toujours à craindre que l'on ne blesse les personnes. Et c'est à quoi il faut prendre garde ; car le prêtre doit toujours songer aux âmes et éviter de s'en rendre l'accès impossible par des heurts malencontreux.

Une prudente et délicate union de la fermeté et de la douceur peut seule résoudre ce problème. M. le Curé de Rochefort avait ce tact, il y excellait.

Il savait mettre dans les affaires épineuses cette sage lenteur et ce tempérament auxquels le succès ne manque point d'ordinaire. Ce qu'il voulait, il le voulait après examen, mais il le voulait alors avec décision et avec constance. Il allait droit au but ; mais il y allait avec une mesure et des précautions qui évitaient les chocs, et avec une charité manifeste qui l'empêchait de froisser les mécontents. — Il y a des hommes habiles qui savent renvoyer satisfaits ceux-là mêmes à qui ils n'accordent rien. La vertu chez M. Rémy Roul obtenait mieux : elle imposait le respect et peut-être le regret à ceux qui rejetaient ses requêtes. Un jour, (j'ignore si vous l'avez jamais su) il partit sans bruit pour faire valoir lui-même à Paris un droit curial dont il était le défenseur attitré. Sa démarche fut sans succès. Mais, je le sais, quand on vit ce courageux vieillard, cette vénérable tête, ce regard limpide et franc ; quand on entendit cette parole chaude mais sans passion, sans acrimonie et n'accusant personne, on fut ému, mes Frères ; et peut s'en est fallu que la cause ne fût gagnée.

Aussi bien peut-on affirmer que M. le Curé de Rochefort, s'il eut des adversaires, n'eut jamais d'ennemis. (1)

(1) Les *Tablettes des Deux-Charentes* (nº du 17 mai) en ont publié un loyal et précieux témoignage. C'est une lettre adressée au directeur de ce journal, M. Ch. Thèze, par M. H. Parat, ancien maire de Rochefort, républicain. La voici :

« C'est avec un profond sentiment de douleur que j'ai appris « la mort de notre digne curé, M. Rémy Roul. Si j'avais eu la « possibilité de me déplacer en ce moment, je me serais fait « un devoir d'assister à ses obsèques.

« Représentant dévoué et loyal d'une religion que tout le « monde doit respecter, il a droit à la vénération de tous ceux « qui ont su apprécier son caractère si noble, si profondément « honnête. N'ayant jamais marché que dans la voie, souvent « rude, du sacrifice, il ne peut avoir un seul ennemi. Pour « moi qui l'ai particulièrement connu, je le pleure avec des « larmes bien sincères. Je regrette de ne pas toujours avoir « été pour lui ce qu'il n'a jamais cessé d'être pour moi, et de « n'être point présent à l'heure des derniers adieux, à l'heure « où l'on va rendre les derniers devoirs à cette noble dépouille. »

Si de la sorte, il défendait l'autel, vous dirai-je comment il sut l'*orner?*

Est-ce que tout ne le proclame point dans cette église plus éloquemment qu'on ne saurait le faire jamais? Y a-t-il dans ce temple de la prière, dans cette demeure du Dieu trois fois saint, un seul détail dont il ne se soit occupé? Que de fois n'a-t-il pas rêvé à des impossibilités artistiques pour racheter le style ingrat donné à ce vaisseau par l'architecture du temps où il fut bâti? Ce chœur, ce maître-autel, ces sacristies, n'est-ce pas à lui que vous les devez? Toutes ces chapelles parlent de lui. Ici, c'est le Trône de la Très Sainte Vierge, qu'il vénérait d'un cœur si filial, de l'Etoile de la Mer qu'il invoquait si bien « pour nos chers marins. » Derrière moi, saint Louis recevait ses confidences au sujet de la paroisse et de la France. En face, voici l'autel réservé à la prière pour les Morts et devant lequel, si souvent, au milieu de vos larmes, il a laissé tomber dans les âmes une parole si pénétrante, avec les graves enseignements du tombeau. Là-bas enfin, quels sourires lui prodiguait Notre-Dame de Lourdes, quand, sur le déclin de la vie, il souriait mieux au Ciel!

Et les cérémonies de la liturgie sacrée, mes Frères, comme elles étaient l'objet de sa pieuse vigilance! Il en prévoyait l'ensemble et les éléments; il attribuait à chacun de ses collaborateurs sa part dans l'action sainte; il en réglait la marche; et par sa présence et par son exemple, il en assurait la ponctualité et la gravité. Je crois l'apercevoir encore dans cette stalle où je l'ai toujours connu. Et quand on l'y voyait, mes Frères, il n'était pas possible d'échapper soi-même à ce sentiment de foi et de respect qui rayonnait de son attitude et de son visage.

Mais où sa présence était mieux encore une prédication vivante, c'est ici, dans cette chapelle du Sacré-Cœur, au pied du Très Saint-Sacrement, sur ce prie-Dieu, où nous avons tant de peine à ne pas le revoir. Il y était dès l'aube, et à la nuit tombante on l'y retrouvait plongé dans une silencieuse adoration. Depuis le jour où le Ciel nous l'a pris, toutes les fois que je suis entré dans cette église, je n'ai pu m'empêcher de regarder s'il était là ; et, ne l'y rencontrant pas, je m'attendais toujours à entendre ouvrir cette porte de sa sacristie et à le voir venir... Mais il ne vient plus !... Du Tabernacle de Jésus-Victime, il est monté aux Tabernacles éternels de Jésus-Triomphant, pour mieux redire au Maître qu'il est à lui : *Tuus sum ego.*

J'ai énoncé tout à l'heure un second devoir essentiel du sacerdoce : *Sauver les âmes.*

Lorsque M. Rémy Roul prit possession de cette paroisse, je ne vous l'ai point caché, la tâche qu'on lui assigna n'était pas des plus faciles. Il fallait gagner les âmes à Jésus-Christ. Or, savez-vous comment les moins rebelles avaient accueilli le nouveau Curé ? Avec toutes les convenances sans doute, mais sans enthousiasme, peut-être même avec quelque défiance. « C'est un mystique, disait-on ; ce n'est pas ce qu'il nous faut. » Comparez cette impression à celle que vous ressentiez, quand, joyeux, vous fêtiez, il y a quelques années, le cinquantième anniversaire de sa prêtrise. Comparez-la surtout à celle qui faisait tressaillir la cité tout entière, quand, dans vos rues, au matin du 9 mai, l'on se refusait à entendre ce cri douloureux : « Monsieur le Curé est mort ! »

Comment donc expliquer cette différence ? Écoutez l'histoire de cette conquête :

Notre Seigneur en a donné le secret dans ces deux armes spirituelles, mises aux mains des pasteurs : *Connaître* et se *dévouer ;* connaître ses ouailles et en être connu : *Cognosco oves meas et cognoscunt me meæ ;* se dévouer, en se donnant, en se dépensant pour son troupeau : *Et animam meam pono pro ovibus meis.* (1)

Un pasteur doit *connaître* ses brebis et en être connu. Mes Frères, quand il s'agit du vôtre, la question n'est pas à poser (2). Qui donc ne connaissait-il pas ? Et de qui n'était-il pas connu ?

(1) Joan., x, 14, 15.

(2) Où trouver dans la ville entière un front qui ne se soit incliné avec respect devant les cheveux blancs de ce saint prêtre ? Où trouver un cœur qui ne l'ait aimé ? Qui ne s'est ému à l'annonce de sa maladie comme à l'annonce d'un malheur irréparable ? Qui ne le regrette et ne pleure sa mort comme celle d'un père ? Il était père, en effet : il en avait les entrailles faciles à émouvoir : il s'en imposait les privations et les labeurs. Qu'elles parlent, ces âmes qui le trouvaient, matin et soir, au tribunal de la pénitence et du pardon, et puisaient sur ses lèvres, comme à une source intarissable, les conseils dictés par l'expérience et par l'esprit de Dieu ; qu'ils parlent, ces malades

L'enfance était l'objet de sa sollicitude la plus paternelle : nous le dirons mieux tout à l'heure. Les jeunes gens trouvaient sa porte toujours ouverte. Il attirait aimablement ceux qu'il savait séparés de leur famille ; il s'intéressait à eux ; et souvent, par ces premiers liens d'une soirée au Presbytère, il attachait les âmes à Dieu en les attachant au prêtre.

Ses relations avec toute la Marine sont trop manifestes pour qu'il soit nécessaire d'insister. Elles étaient

si fidèlement visités, si généreusement secourus, si divinement consolés ; qu'ils parlent, ces malheureux rebutés, découragés, irrités, et ces pauvres accablés souvent d'une indigence d'autant plus cruelle qu'elle était plus cachée ; qu'ils disent avec quelle générosité il s'est en maintes circonstances dépouillé pour eux ; qu'ils élèvent la voix et qu'ils parlent, ces riches, qu'il a saintement appauvris en les poussant à la conquête de trésors plus précieux mille fois que ceux dont il les sevrait pour soutenir ses bonnes œuvres et multiplier ses aumônes. Ils ont parlé à ses funérailles par leurs larmes et leurs gémissements. Elles ont aussi parlé de lui et en parleront longtemps ces familles religieuses, ces congrégations diverses, établies à son ombre comme de nouveaux plants d'olivier, *sicut novellæ plantationes*, ou soutenues par ses secours, donnés toujours à propos, avec une souveraine délicatesse et une extrême discrétion ; elles parleront, ces multitudes d'enfants en faveur de qui son zèle infatigable rêvait sans cesse de nouveaux moyens d'affermissement dans le bien et de préservation du mal. Ils diront aussi, nous n'en doutons pas, ils diront ce qu'il y avait de paternel dans son cœur, ces nombreux étudiants, objets de ses faveurs spéciales. Cet homme si occupé était pour ceux d'entre eux qui lui donnaient leur confiance, du plus facile abord : il les admettait volontiers à sa table, leur rendait mille petits services, se préoccupait de leur avenir, de leurs intérêts temporels en même temps que de leur âme. Avec une sainte industrie, il dirigeait vers eux des hommes de bien, animés de son esprit, aimables, prudents, instruits de ses intentions ; ils complétaient son œuvre en exerçant une surveillance, en entretenant des rapports qui assuraient le fruit de ses conseils. Que de fois ses espérances ont été trahies ! Il ne se déconcertait pas : il semait ; si rien ne germait ici-bas, le grain jeté fructifierait au Ciel.

(*Bulletin religieux,* de La Rochelle, 14 mai).

comme toutes celles qu'il eut avec la meilleure société du pays, facilitées par les formes courtoises et de bon ton qu'il savait employer mieux que personne et qui le mettaient partout à sa place. A cette gravité, qui donnait le trait saillant de sa physionomie, M. le Curé alliait, en effet, dans ses manières, le savoir-vivre le plus exquis. Partout il tenait son rang, ne disputant à personne le sien, jamais en désaccord avec le moindre usage ou la moindre convenance, et sachant admirablement faire servir au bien des âmes, la politesse, qui est fille de la Charité.

Ajoutons que l'on se tromperait étrangement si l'on croyait que, absorbé par ses rapports avec les classes dirigeantes, ce pasteur d'une paroisse si considérable n'ait connu que superficiellement les petits et les pauvres. Ne l'aperceviez-vous point passant dans la ville, tantôt d'un côté, tantôt d'un autre ! Ce pas alourdi par l'âge semblait plus alerte à certaines heures : c'était aux heures où la charité pastorale le conduisait vers les plus humbles du bercail. Chaque semaine, ou peu s'en faut, votre Curé parcourait une ou plusieurs rues de sa paroisse, s'informant de tous, se tenant au courant des changements survenus depuis sa dernière visite et cherchant à voir ceux-là mêmes qui semblaient le fuir. Puis, il ajoutait à cet acte de zèle, ce qui en est le complément : la prière. Ah ! que de fois, mes Frères, ici même le soir, récitant avec vous le chapelet, il vous demandait de le dire « pour les paroissiens des rues qu'il avait traversées ce jour-là. » Cette requête vous a quelquefois fait sourire : elle touchait pourtant au sublime, parce qu'elle était un acte de foi provoqué par un acte d'ardent amour. Et qui sait combien de conversions, combien de grâces, ont obtenues ces pieuses industries du pasteur, qui voulait ainsi connaître les siens et en être connu : *Cognosco meas, cognoscunt me meæ.*

Je dois dire brièvement qu'il remplissait mieux encore la seconde partie du programme pastoral : *Et animam meam pono pro ovibus meis.*

Il se donnait, il se dépensait pour vous. Quel est celui de vos intérêts auquel il fut jamais insensible ?

Il ouvrait toujours les mains à l'infortune. Il donnait largement. Ce n'était guère qu'en voyant sa bourse à peu près épuisée qu'il songeait aux nécessités de sa maison ; et nous savons que plus d'une fois, ayant tout donné, il eût pu s'inquiéter du lendemain, s'il n'avait eu la plus aveugle confiance en Celui qui fournit le pain quotidien.

Il donnait délicatement. A combien de misères, cachées sous les apparences d'un passé plus sortable, il a épargné la honte et la faim ! Que de fois il a sauvé des situations qui exigeaient un certain extérieur dont elles ne fournissaient pas toujours le moyen suffisant !

Il donnait cordialement. Il ne cherchait ni n'attendait la reconnaissance. Un jour, un démêlé avec la Justice conduisait au bagne un homme qui s'était posé en adversaire de M. Rémy Roul. Ce malheureux avait été précédemment l'objet des attentions et de la charité la plus grande du bon Curé. Mais il y a de pauvres êtres qui ne pardonnent pas à d'autres de leur avoir fait du bien ! Quand celui dont je parle fut frappé par les juges du pays, on crut voir dans cet arrêt le doigt du Souverain Juge, vengeant ainsi son prêtre outragé. Mais écoutez comment celui-ci se vengea lui-même. Commençant à peine son expiation, le condamné sollicitait des faveurs et demandait des soulagements. Devinez-vous qui l'aida ? M. le Curé ! Et ce qui met le comble à cet acte d'un grand cœur, c'est que celui qui en fut l'objet n'a jamais su quelle était la main qui l'avait secouru dans son opprobre.

Plus délicates que les afflictions de la fortune, il y a les afflictions du cœur. Mes Frères, nul cœur ne fut plus compatissant que celui de notre cher Curé. N'accourait-il pas en toute hâte, quand la mort faisait des vides autour de nous, quand le deuil entrait dans nos foyers ? Et comme ses lèvres, émues de nos émotions, laissaient tomber dans nos âmes broyées par la peine une parole vraiment amie, vraiment paternelle et réconfortante ! Lorsque, atteint sur des rives lointaines, l'un des nôtres succombait à notre insu, — hélas ! nos familles tiennent toutes à la marine et nos séparations nous ont trop souvent réservé de ces poignantes surprises ! — alors, quel était l'ange chargé de nous faire accepter la triste réalité ? C'était lui. Et avec quelle mesure, quel tact, quelle affection débordante il accomplissait cette pénible mission !

Se donnant, se dépensant ainsi pour tous, il n'est pas étonnant qu'il ait su se donner et se dépenser aussi largement qu'il l'a fait pour agir plus directement encore sur les âmes.

Je ne nomme point les Œuvres qu'il a créées ici ; j'ai plus tôt fait de dire qu'à son arrivée dans la paroisse, l'Œuvre des Dames de Charité était la seule qui existât. Toutes les autres sont nées de son inspiration ou sous sa haute tutelle. Et vous êtes tous ses témoins, pour dire avec quels soins il s'en occupait et combien son zèle les a fait fructifier.

Il est pourtant un bienfait de premier ordre que cette ville doit principalement à son archiprêtre et pour lequel, je me hâte de le déclarer, la collaboration la plus intelligente et la plus dévouée lui a été de suite acquise. C'est la grande Œuvre des Écoles.

Ce n'est point ici, le moment de faire ressortir la nécessité sociale à laquelle répondent les fondations de cette nature. Pour ne rester que dans le domaine des faits, il faut que vous sachiez, paroissiens de Saint-Louis, que, non content d'user de son influence pour procurer des ressources à l'Ecole des Frères, votre Curé prélevait sur son modeste avoir des secours annuels qui, dans leur ensemble, depuis l'origine de l'établissement, représentent une cinquantaine de mille francs. Or, croyez-le bien, pour arriver à ce résultat, sans diminuer ses autres libéralités, il s'imposait évidemment des sacrifices, et il dut les augmenter encore depuis la création des Ecoles libres des Sœurs (1).

(1) L'*Ecole des Frères* a été ouverte le premier samedi de mars 1854, dans une maison louée. En 1879, le très digne et exemplaire M. Sarlat, capitaine de frégate, devenu Bénédictin,

Ah ! s'il m'entendait révéler ces secrets de sa vie, il fermerait les yeux, comme pour ne pas lire sur mon front tout ce que je ne dis pas ; et peut-être m'accuserait-il de trahir son amitié. — Mais non, mon vénéré père, je ne vous trahis pas ; je réponds seulement à l'injonction de notre Maître, voulant que, pour l'édification de tous et la gloire de Dieu, les bonnes œuvres soient connues : *Ut videant opera vestra bona et glorificent Patrem* (1).

C'est que, s'il se donnait, s'il se dépensait ainsi pour son troupeau, mes Frères, c'était, vous le comprenez bien, parce qu'il voulait pour Dieu toutes vos âmes.

Les âmes des enfants ! Comme il les cherchait, un seul souvenir le redit. Vous rappelez-vous quelle

acheta et fit installer le local actuel. — Nombreux sont les autres bienfaiteurs de cette Œuvre; nous regrettons de n'avoir pas la permission de nommer ici, au moins, les principaux d'entre eux. — La Municipalité fut très favorable, dans l'origine, à cette fondation qui répondait à un besoin de la cité, le personnel enseignant de la commune n'étant point proportionné au chiffre de la population scolaire ; M. le Maire ou son Adjoint, présidait les distributions des prix. On sait que les temps ont changé ! La *Société de Saint-Victor* fait, aujourd'hui, l'œuvre de la Providence. Elle a pourvu à une annexe au Faubourg.

L'*École des Sœurs* est la continuation, comme École libre, de l'École communale, laïcisée dans ces derniers temps. On en a bâti le local sur un terrain donné par la digne sœur du cher commandant devenu Bénédictin. Elle a aussi une annexe au Faubourg.

Les comptes des sommes reçues par M. le Curé pour les Écoles étaient tenus d'une façon très régulière. La différence entre le total de ce qu'il a reçu et celui des sommes qu'il a versées, nous donne la preuve de notre estimation à environ 50,000 fr.

(1) Matt., v, 16.

importance il attachait au grand acte de la Première Communion ? Vous figurerez-vous jamais M. le Curé, sans le revoir dans cette chaire, vous annonçant, chaque année, la Première Communion, accentuant, se répétant, insistant, allant jusqu'au pathétique, pour vous dire cette chose, en apparence si simple : « Priez pour vos enfants qui vont faire leur Première Communion ? » — La veille de sa mort, il fait signe à l'un de ses vicaires : « — Cet enfant de la Première Communion qui m'inquiétait, qu'en avez-vous fait ? » — « J'y ai pourvu, mon père. » — Et comme s'il eût craint une réponse de complaisance, faite en considération de son état, ce digne pasteur fixait sur son abbé un regard inquisiteur : — « Je puis être tranquille ? », murmurait-il. — « Oui, mon père... » — Quel bel exemple de sollicitude. — Ah ! mes Frères, c'est que ce prêtre, qui, chaque jour, portait à l'autel un cœur si attaché à ses paroissiens, souhaitait que la première semence jetée dans les jeunes âmes fût féconde et qu'elle assurât leur sanctification et leur salut.

Vous sanctifier et vous sauver, c'était son unique objectif. Et vous savez si ce noble but était visé quand il prêchait ici avec cette conviction profonde qui, plus d'une fois, vous a remués ; vous savez s'il y travaillait quand, de longues heures durant, il restait au confessionnal à panser tant de blessures.

Vous sanctifier et vous sauver, il l'a voulu jusqu'à la fin. Dieu n'a-t-il pas daigné vous le faire comprendre en permettant que sa dernière messe, dite pour sa paroisse, fût celle du dimanche même du Bon Pasteur?

Je ne voudrais pas trop réveiller ici vos légitimes douleurs. Mais comment me taire? Vos inquiétudes ont tout-à-coup changé la physionomie de cette ville quand vous avez appris qu'un malheur vous menaçait. Hélas! vos appréhensions n'étaient que trop fondées. Et si vous n'aviez pas déjà compris l'immensité de votre perte, il me suffirait de vous remettre en mémoire cette grande scène du dernier baiser que Jésus Hostie donnait à son serviteur expirant

On était là, dans cette chambre où la mort planait! Le Maître de la vie y pénétrait sous les voiles sacramentels. A celui qui tant de fois avait fortifié les autres, il venait donner la force. En cet instant suprême, notre cher malade, attentif aux moindres mouvements de la grâce, s'unit aux prières que murmure une voix aimante et fidèle ; il reçoit le Viatique sacré ; il présente ses mains, il laisse oindre ses sens de la dernière onction ; il colle sur ses lèvres défaillantes l'image adorée de Jésus en croix. Quelle foi, quelle sérénité, quelle sainteté, mes Frères !

Mais écoutez, car j'ai le devoir de vous les répéter, écoutez ces accents de sa charité envers Dieu et envers vous. Tous sanglotent à ses côtés. Lui seul est calme et souriant :

« Jésus, dit-il, Jésus ! vous êtes dans mon cœur le « gage de la vie éternelle.

« Je vous adore, je vous aime !

« Je vous remercie, mes chers Vicaires, mes chers « Aumôniers, mes bons Amis, mes pieux Fidèles !

« Et vous (1) qui, après avoir été l'ange du Petit et « du Grand Séminaire, êtes devenu dans vos dernières « années l'ange du Presbytère, vous serez aussi l'ange « de Dieu !

« Oh ! si l'homme savait ce que Dieu réserve à ceux « qui l'aiment !

« Il y a deux endroits où l'on se retrouve toujours : « le cœur et le Ciel ! Dans le cœur, oh ! vous y êtes « bien ! Et le Ciel ! le Ciel ! si Dieu me fait la grâce « d'y entrer, combien je prierai pour vous, mes chers « Paroissiens..., avec quelle joie j'irai au-devant de « vous !... Merci ! merci mille fois ! »

Ce furent ses dernières paroles, mes Frères. Ne trahissent-elles pas sa constante pensée d'être à Dieu et d'être aux âmes ? Et ne vous semble-t-il pas que son dernier soupir ait commencé dans ce monde, pour s'achever au Ciel, cette aspiration de toute sa vie : *Tuus sum ego ?*

(1) M. l'abbé Sellier, son premier vicaire, qui, avant de l'administrer, lui avait adressé d'une voix étouffée par les larmes les touchantes paroles que voici :

« Bon et vénéré père, tout jeune encore, Dieu m'avait placé près de vous dès le début de votre sacerdoce ; aujourd'hui, près de votre lit de douleur, alors que j'ai vieilli, il me charge d'un ministère plein de consolations, mais de consolations bien douloureuses. Dieu fait bien ce qu'il fait, nous vous l'avons souvent entendu dire ; c'est le moment de répéter et de dire : Merci ! avec des larmes, mais avec une foi résignée. Nous avons eu vos exemples, vous voudrez bien y ajouter votre bénédiction, et nous vous remercierons avec nos prières.

« Vous voudrez bien, comme Elie à son disciple, nous laisser votre double esprit pour continuer votre œuvre.

« Notre Seigneur vient mettre le comble à ses faveurs, en se donnant à vous. Ces derniers dons de l'ami sont les plus précieux ; l'ami de nos âmes ne peut rien de plus, malgré sa toute-puissance et sa bonté, que de se donner lui-même. Ouvrez votre cœur : il va venir ! »

Mon Dieu, c'est donc ainsi que meurent vos élus !... Ah ! qu'à travers nos larmes, nous cherchions encore près de vous ce père qui nous a tant aimés en vous aimant ; et que son souvenir reste pour nous une leçon efficace qui nous apprenne à ne vouloir que vous : *Tuus sum ego !*

J'en ai dit assez, mes bien chers Frères. A quoi bon insister sur notre malheur, quand le Ciel, nous l'espérons, a dejà couronné celui que nous avons perdu !

Laissez-moi pourtant vous lire ces lignes, trouvées dans sa chambre et tracées d'une main défaillante, probablement à l'heure où il se coucha pour ne plus se relever :

« Adieu, paroisse Saint-Louis, si chère à mon cœur !
« Que Dieu te bénisse toujours, comme mon cœur t'a
« bénie et te bénit encore. Adieu, mon église que j'ai-
« mais à trouver belle, digne du trésor qui t'enrichit !
« Adieu, chapelle du Sacré-Cœur !... »

A nous, mes Frères, étaient ainsi ses dernières pensées.

Voulons-nous garder de lui quelque chose ? N'oublions pas ces trois mots, qui nous ont paru définir toute sa vie. Comme lui, cherchons Dieu ; et, dans la peine comme dans la joie, pour remercier comme pour demander, n'ayons d'autre règle que la volonté divine, et répétons au Seigneur : « Mon Dieu, je suis à vous : *Tuus sum ego.* »

Amen

APPENDICE

I.

Lettre de Mgr Villecourt, Évêque de la Rochelle, annonçant à M. l'abbé Rémy Roul sa nomination à la cure de Saint-Louis, à Rochefort, le 17 janvier 1848 :

« Mon cher Curé,

« Je vous envoie votre nomination agréée pour la cure de Rochefort. Cette nomination contristera, je n'en saurais douter, les habitants de Surgères; mais il nous fallait dans l'importante ville de Rochefort, un homme zélé et pieux comme vous.

« La paroisse de Saint-Louis a plus de 18,000 habitants catholiques, et, il est douloureux de le penser et de le dire, il y a peu d'hommes qui approchent des Sacrements. Je me hâte, pourtant, d'ajouter qu'il n'y a peut-être pas dans le diocèse une seule ville qui offre de plus légitimes espérances que Rochefort. On y est avide de la parole sainte ; les mœurs y sont douces, polies, civilisées, le caractère sacerdotal y est respecté. Sur 150 ou 160 familles que je visitai en y prêchant le Carême, il y a deux ans, il n'y en eut pas une seule où mon apparition ne fut comme une fête.

« Vous vous rendrez donc à votre poste en toute confiance, mon cher Curé. Ne me sachez pas gré de ce choix ; si j'avais pu présumer qu'un autre ecclésiastique fût plus capable de remplir cette place que vous, malgré toute l'affection que je vous porte, je vous aurais fort bien laissé de côté et vous aurais dit : « Mon fils, laissez passer ce confrère devant vous. » S'en suit-il pour cela que vous deviez être enivré de votre prétendu mérite ? A Dieu ne plaise ! Mais le Seigneur vous appelle, et il faut, sans la moindre réflexion, obéir à sa voix sans recourir au stratagème d'une fausse humilité.

« Cependant, la nomination de votre successeur ne nous étant pas encore parvenue, cela vous laisse libre de ne pas annoncer encore votre changement à votre paroisse.

« Adieu, cher Curé, je vous embrasse et vous bénis en Jésus, notre céleste amour, et en Marie, après Jésus, notre plus douce espérance.

« † Clément, Évêque de La Rochelle. »

II.

Le 13 juin 1848, M. le Curé Rémy Roul étant nommé Chanoine honoraire de la cathédrale de la Rochelle, Mgr Villecourt avait la bonté de lui écrire:

« Mon cher Curé,

« Je viens vous faire ma confession : vous jugerez, comme il vous plaira, de l'état de mon âme. Je suis d'un *orgueil* que rien n'égale. J'ai pensé, en conséquence, que je me trouverais beaucoup plus honoré, le jour où je donnerai la Confirmation à vos enfants, si le Curé de Saint-Louis m'accompagnait alors comme Chanoine honoraire de notre Cathédrale. Cependant, car il ne faut pas, non plus, que je me donne tous les torts, j'ai fait réflexion que je pourrais fort bien me déterminer par un tout autre motif que celui de mon amour-propre. En effet, il ne serait point allé jusqu'à vous donner cette qualité, si vous ne la méritiez pas.

« Alors, se sont présentés à mon souvenir tous les titres que vous aviez à cette distinction. Je m'abstiens de les énumérer, dans la crainte de vous exposer à la tentation, qui me trouve toujours si faible.

« Vous trouverez, mon cher Curé, dans cette annonce, qu'il m'est si doux de vous donner, une nouvelle preuve de ma haute estime et de ma tendre affection.

J'y joins les embrassements et les bénédictions d'un Père, qui vous est tout dévoué pour la vie, en Jésus et Marie.

« † CLÉMENT, Évêque de La Rochelle. »

III.

Nous croyons devoir compléter les pages précédentes par la reproduction des documents suivants, qui ne pouvaient trouver place dans un discours :

Les *Tablettes des Deux Charentes* (nº du 10 mai) ont annoncé en ces termes émus, la fin du vénéré Curé de Rochefort :

« M. l'archiprêtre Rémy Roul, curé de Saint-Louis, a succombé, cette nuit, à une heure, aux suites d'une fluxion de poitrine qu'il avait contractée dans l'exercice de son ministère. Soldat de Dieu, il a été frappé sur la brèche ; il devait finir ainsi. Le feu sacré de la foi et de l'amour du prochain l'entraînait, à 78 ans, autant et plus qu'aux premiers jours de son sacerdoce. Rien ne l'arrêtait, ni la pluie, ni le froid, ni le soleil ardent, ni ses membres raidis par l'âge et les douleurs, quand il s'agissait de visiter les malades, d'accompagner les morts, de consoler les vivants.

« La perte de cet homme de bien, qui, depuis quarante ans, passait à travers nos rues, allant partout où l'appelait son devoir, à la démarche lourde, au cœur élevé, au sourire bienveillant, à la parole douce, roulant discrètement entre ses doigts les grains d'un imperceptible chapelet, salué de tous, grands et petits, riches et pauvres, la mort de ce *saint*, oserons-nous dire, sera un deuil public.

« Nous n'avons pas à faire son éloge : la tâche serait téméraire et vaine. Son éloge, c'est la vénération profonde dont il était entouré ; c'est l'émotion de toute une ville à la nouvelle du mal menaçant de le lui ravir, la douleur de sa mort, ses œuvres, sa vie, tout enfin, jusqu'au vide immense qu'il laissera après lui et, par dessus tout, ses exemples.

« Ses exemples ! Il nous a montré comment, avec l'amour de Dieu et la force que l'on puise en lui, on peut suffire à tout ; comment l'esprit peut dominer le corps. Cet homme, si indulgent aux autres, avait contre lui-même une volonté de fer. Il est resté debout jusqu'au jour où il a été frappé à mort. On le voyait partout : à son prie-Dieu, comme la lampe au sanctuaire, aux plus longs offices, au lit des mourants, au foyer de ses paroissiens, là où il y avait une bonne parole à donner, une aumône à faire, une plaie morale à guérir. C'était le *Bon Pasteur*.

« Dieu a voulu qu'il dît sa dernière messe le jour même où l'Eglise célèbre cette fête ; mais il n'eut pas la force, quelques heures plus tard, de présenter le pain bénit que, suivant sa coutume, il offrait à ses paroissiens. Que de peines il s'est données pour ramasser toutes les brebis de son troupeau ! Nous l'entendons encore lorsque, tout récemment, il s'écriait en chaire, et comme sous le pressentiment de sa fin prochaine : « Seigneur, en paraissant devant vous, je veux pouvoir vous dire que si je ne vous amène pas tous ceux que vous m'avez confiés, ce n'est pas ma faute. » De son lit de mort, il les a encore appelés, bénis, et confiés à la garde de ses dévoués et chers coopérateurs, dans un suprême et solennel langage qui a profondément remué les assistants.

« Dieu recevra le Pasteur et le troupeau fidèle. »

IV.

La même feuille a ainsi rendu compte (n° du 14 mai), des funérailles du regretté archiprêtre :

« Pendant toute la journée de lundi, le corps de M. le Curé de Saint-Louis, revêtu des ornements sacerdotaux, a été exposé à la vénération des fidèles, dans le grand salon du Presbytère, transformé en chapelle ardente. On estime à 6 ou 7,000 le nombre des personnes, de tout rang et de tout âge, qui ont défilé devant lui.

« Les funérailles ont été, on peut le dire, une imposante et touchante manifestation. Toute la paroisse, ou mieux la ville de Rochefort, a salué la dépouille de son pasteur et l'a pieusement escortée.

« Aussitôt la levée du corps, faite par Mgr Fulbert Petit, le cortège s'est mis en marche, en suivant les rues Victor Hugo, des Fonderies, Duvivier et Chanzy. Après la croix, venaient plus de cent prêtres accourus de tous les points du diocèse ; les élèves des Pensionnats et des Ecoles, les Orphelines de la marine et de Saint-Charles, le Catéchisme de persévérance, les jeunes gens du Patronage de Saint-Joseph, portant des couronnes.

« Le cercueil disparaissait sous les couronnes offertes par les associations pieuses et les écoles de la ville. Les cordons du poële étaient tenus par MM. les abbés Bonnin, archiprêtre de Marennes, Chassériaud, ancien élève de M. le Curé ; MM. Petit, capitaine de frégate, représentant l'amiral de Pritzbuër, préfet maritime commandant en chef ; de Senneville, directeur des constructions navales en retraite, président de la Fabrique.

« Derrière le cercueil marchaient, conduisant le deuil, le frère et le neveu du défunt ; le R. P. Sicard, de l'Ordre de Saint-Dominique, et les Vicaires de la paroisse ; ensuite le Conseil de fabrique, la Conférence de Saint-Vincent-de-Paul, et enfin un long cortège où l'on remarquait, à côté des autorités maritimes, civiles et militaires, la plupart des notables de la cité. Une multitude est échelonnée sur le passage du convoi et les fronts se découvrent avec respect.

« L'église s'emplit en un clin d'œil, sans désordre ; les mesures étaient parfaitement prises. La messe est célébrée par M. l'abbé Bardon, archiprêtre de Saint-Jean-d'Angély, qui a pour diacres MM. les abbés Barbreau, curé des Gonds, et Giraudeau, curé de Mortagne-sur-Gironde. Mgr Fulbert Petit préside, ayant à sa droite MM. les chanoines de Laage, supérieur du Séminaire de Montlieu, et Gendre, aumônier de la Providence, à Saintes...

Avant l'absoute, Mgr Fulbert Petit monte en chaire et adresse à notre regretté curé ce noble et touchant adieu, que nous eussions voulu mieux reproduire :

« N'attendez pas de moi un discours, dit-il ; cette chaire en deuil n'en comporte pas. L'Eglise catholique ne veut pas que nous, prêtres, nous fassions l'éloge du prêtre ; mais, un jour, la vérité sera dite sur le mort d'aujourd'hui. Je viens seulement, au nom de son Évêque, accomplir un devoir vis-à-vis de celui qui fut un des membres les plus éminents du clergé de ce diocèse. Je viens en cette ville de Rochefort, pour la dernière fois peut-être, remercier cette population des témoignages d'estime et de vénération qu'elle accorde à son pasteur ; je viens remercier les représentants de la marine française et les autres autorités, la Fabrique de cette paroisse, si dévouée, et le clergé qui se range autour de ce modèle des vertus sacerdotales.

« C'est bien à l'abbé Rémy Roul que s'applique cette parole de saint Paul : *Multùm laboravit in vobis* : il a beaucoup travaillé parmi vous et pour vous. Tel il vous est apparu dès le premier jour, tel il est resté : l'homme de Dieu et l'homme des âmes. En toute chose, il regardait Dieu, comme sur les mers les marins regardent, à l'approche des rives, le phare qui doit les conduire au port. C'était un homme de noblesse, d'austérité et de force : son âme, son cœur, son esprit, sa vie en étaient imprégnés.

« En venant, aujourd'hui, pleurer autour de son cercueil, vous ne faites que lui rendre ce qu'il vous a accordé à tous. Qui de vous, en effet, n'a reçu de lui des consolations ? Ah ! si cette église pouvait parler, si les dalles du sanctuaire avaient une voix, quel hommage elles lui rendraient !... Toujours vous verrez cette figure calme, impassible ; ce prêtre gravissant lentement les marches de l'autel, et, sous sa couronne de cheveux blancs, faisant monter vers Dieu son ardente prière. Toujours vous entendrez cette voix grave, pénétrante, dans laquelle on sentait le tressaillement d'un cœur qui ne resta jamais sans écho. Gardez ces souvenirs, ils vous feront meilleurs !

« Celui que nous pleurons était un saint prêtre ; mais pour entrer dans la gloire de Dieu, il faut une telle pureté, que nous devons prier encore afin que les portes du Ciel s'ouvrent plus vite et plus larges devant lui. Il emporte Là-Haut, soyez-en convaincus, le souvenir de sa chère paroisse, prions donc pour que son dernier désir se réalise et que le Seigneur accorde à cette paroisse en deuil le pasteur qu'elle attend. Il y a des heures troublées, des postes et des milieux qui exigent plus que d'autres l'intelligence, le tact et la piété ; qui veulent des hommes placés au dessus des passions et pouvant les dominer ; des prêtres, en un mot, qui marquent leur sillon et soient une force et une consolation pour les âmes...

« S'il est vrai que les cheveux blancs sont un diadème,

quelle beauté, quelle grandeur n'a-t-elle pas, la couronne que de nombreux travaux, un constant dévouement, une bonté égale à elle-même ont déposée sur le front de votre pasteur. *Sursùm corda !* Oui, que son souvenir élève nos cœurs, et devant ce cercueil, donnons-nous rendez-vous dans la patrie vers laquelle nous marchons. Tous, nous devons défendre la patrie terrestre; mais tous aussi, nous sommes les défenseurs et les conquérants de la patrie de l'éternité ! »

« Après cette allocution, Mgr Fulbert Petit donne l'absoute. La foule se retire ensuite, dans le plus grand ordre... »

Rochefort. — Société anonyme de l'imprimerie Ch. Thèze.

www.ingramcontent.com/pod-product-compliance
Ingram Content Group UK Ltd.
Pitfield, Milton Keynes, MK11 3LW, UK
UKHW021034180726
13838UKWH00004B/1802

9 782329 338613